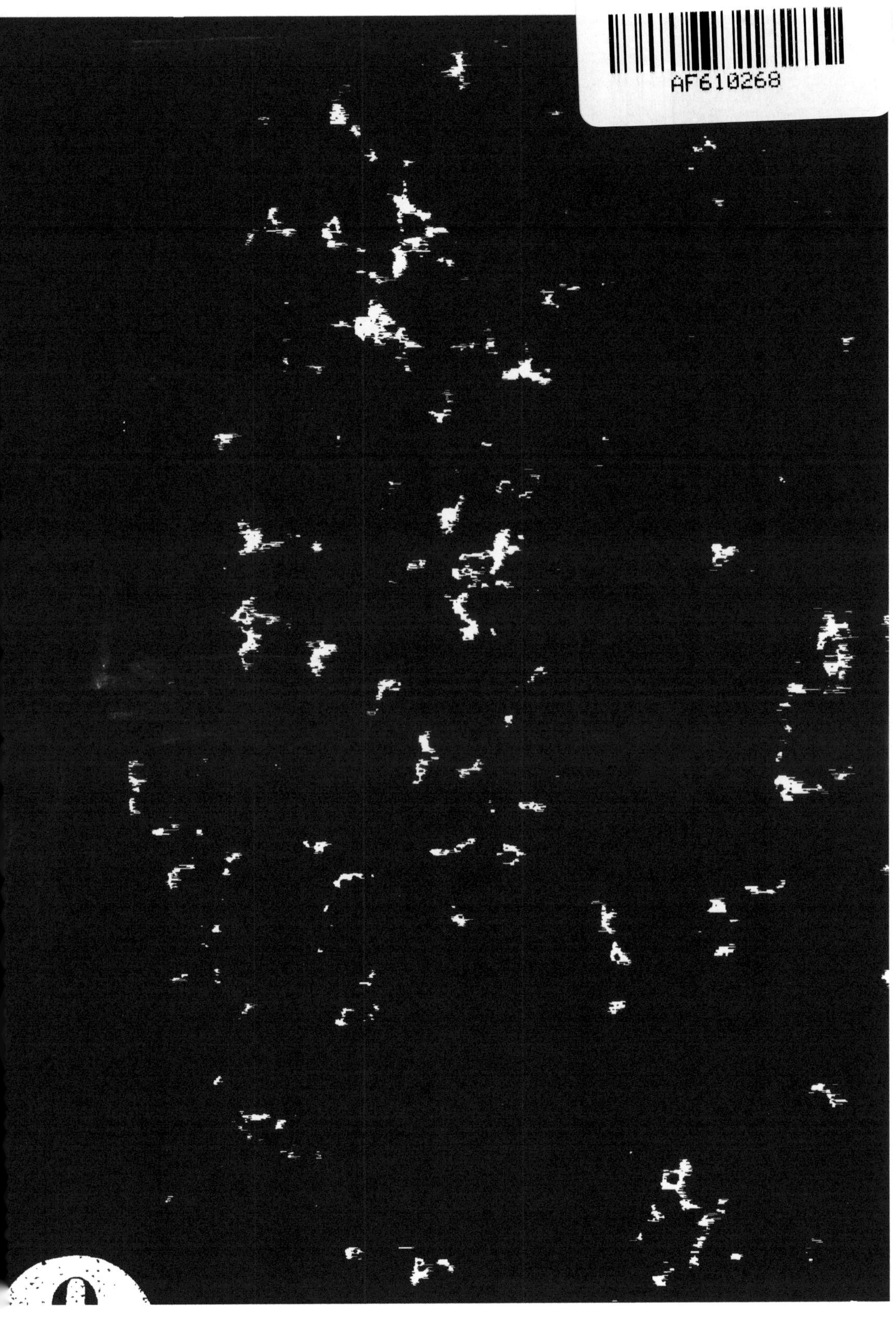

DERNIER SOUPIR

DE

L'INQUISITION

EN ESPAGNE.

DERNIER SOUPIR
DE
L'INQUISITION
EN ESPAGNE,
OU
CONDUITE SAGE ET MESURÉE DE LA RÉGENCE DU ROYAUME D'ESPAGNE ENVERS LE DERNIER DÉFENSEUR DE CE TRIBUNAL DE SANG.

RECUEIL DES PIÈCES OFFICIELLES,

TRADUITES DE L'ESPAGNOL,

Par E. NUNEZ DE TABOADA, directeur chef de l'Interprétation générale des Langues.

A PARIS,
CHEZ FIRMIN DIDOT, IMPRIMEUR-LIB.,
RUE JACOB, N° 24.

1814.

DERNIER SOUPIR

DE

L'INQUISITION

EN ESPAGNE,

CONDUITE [illegible] ET REFUSÉE DE LA RÉGENCE DU ROYAUME D'ESPAGNE ENVERS LE PREMIER [illegible] DE [illegible]

RECUEIL DES PIÈCES OFFICIELLES,

TRADUITES [illegible]

Par [illegible] SENEZ DE TABOADA, directeur [illegible] de l'interprétation [illegible] des langues.

A PARIS,

CHEZ FIRMIN DIDOT, IMPRIMEUR-[illegible],
RUE JACOB, N° 24.

1814.

AVERTISSEMENT.

C'est le 22 février 1813 que les Cortès de la nation espagnole ont décrété l'abolition du tribunal de l'Inquisition, qui avait été pleinement et authentiquement établi en Espagne en 1448. Cette institution barbare, aussi contraire aux maximes de la religion chrétienne, qu'à l'intérêt politique des nations, y était néanmoins fortement enracinée. Les inquisiteurs eux-mêmes avaient pris à tâche de fonder leur puissance gigantesque sur l'opinion publique, en étouffant les lumières et la vérité, et en faisant éprouver les persécutions les plus cruelles à tous ceux qui osaient de temps en temps parler le langage de la raison, et plaider la cause de l'humanité. Personne n'ignore combien ce tribunal féroce avait de moyens pour assurer son empire sur l'esprit public : les délations les plus étranges, les procédures les plus iniques, les tortures les plus barbares, et les bûchers enfin, ne manquaient jamais d'atteindre l'homme vertueux, qui avait le malheur d'être plus ami de l'humanité que de sa propre conservation.

Aussi un silence général, commandé par la terreur, avait fini par laisser régner en paix ce tribunal de sang, et le peuple s'était accoutumé à le regarder comme une institution utile au maintien de la foi catholique. Cette opinion presque générale en Espagne, si on en excepte les personnes éclairées, qui sont toujours le petit nombre, fut le plus grand obstacle que trouvèrent les Cortès à l'accomplissement de leurs vues sages et bienfaisantes; et ce ne fut qu'après les discussions les plus vives, qu'ils rendirent le décret mémorable qui abolit l'Inquisition dans tous les lieux soumis à la monarchie espagnole. Ce décret, et les discussions auxquelles il a donné lieu, composent un volume rempli d'intérêt, dont nous nous proposons de publier bientôt la traduction.

A peine le fameux décret d'abolition eût-il été proclamé par la Régence, que les autorités et les différents corps de la nation s'empressèrent d'adresser des actions de graces aux Cortès, pour les remercier d'une mesure que toute la partie éclairée de la nation regardait comme un des bienfaits les plus signalés du Congrès national. Nous avons cru utile de publier en français quelques-unes de ces adresses, pour faire connaître l'esprit public sur un point de cette importance.

Mais il existait un autre obstacle aux vues bienfaisantes des Cortès et de la Régence. Le Nonce apostolique de Sa Sainteté alors captive à Fontainebleau, prétend s'opposer à la publication et à l'exécution du décret des Cortès. Il adresse directement à la Régence, contre l'usage de la diplomatie, des représentations fondées uniquement sur des motifs frivoles; et, en même temps, il cherche à provoquer l'opposition des prélats de l'Espagne. La conduite mesurée et généreuse de la Régence, dans une circonstance aussi délicate, et l'obstination du Nonce, malgré les représentations de l'autorité royale, et le respect dû à la Régence qui en était dépositaire, nous ont paru, dans l'affaire mémorable de l'abolition de l'Inquisition, un épisode intéressant, et digne d'être connu, en attendant que nous puissions faire connaître, dans tous ses détails, le principal de cet événement, qui ne peut manquer d'être infiniment salutaire à la prospérité de l'Europe, après tant d'années de guerres, de calamités et de constance.

ADRESSE

DU

COLLÉGE ROYAL

DE SAINT-ISIDORE DE MADRID,

AUX CORTÈS,

EN ACTIONS DE GRACES DE L'ABOLITION DE L'INQUISITION,

Insérée, par ordre des Cortès, au procès-verbal de la séance du 14 juillet 1813.

MESSIEURS,

Le collége de Saint-Isidore de Madrid, qui, depuis son rétablissement sous le règne de Charles III, s'est distingué par son zèle à propager le bon goût de la littérature, et à faire briller dans tout le Royaume les principales branches des connaissances humaines, ne saurait se dispenser d'adresser à votre auguste Congrès d'immortelles actions de graces pour l'abolition du tribunal de l'Inquisition, obstacle le plus puissant de tous à la propagation des lumières.

Toute la nation doit se montrer reconnaissante pour un aussi grand bienfait qui n'est pas le moindre de tous ceux qui ont signalé votre sagesse. Si désormais il lui est enfin permis de jouir des précieux avantages que procurent les lumières, et de ne plus gémir accablée sous les maux qu'entraînent toujours à leur suite l'ignorance et l'erreur, elle en est spécialement redevable à un corps dont le but essentiel est de favoriser les unes et de dissiper les autres.

Rien dans cet événement mémorable néanmoins n'a surpris le collége de Saint-Isidore de Madrid ; il l'avait prévu comme nécessaire, il l'attendait avec confiance. Dans la Constitution politique que votre sagesse a donnée à la nation espagnole, vous avez décrété que la religion catholique, apostolique et romaine est l'unique religion de l'état, et la seule qu'il doit protéger par des lois justes et sages ; vous avez proclamé la souveraineté de la nation, reconnu, fixé et sanctionné les droits inviolables de l'homme et du citoyen, et en particulier la liberté de penser, d'imprimer et de publier ses idées ; comment était-il possible de laisser subsister, à côté de ces institutions sublimes et libérales, un tribunal entièrement opposé à l'esprit et aux maximes fondamentales de cette religion, un tribunal dont les formes étaient des attentats manifestes aux droits les plus sacrés de l'homme, et sur-tout à la liberté de penser et de publier ses pensées?

Nous ne craignons pas de le répéter, un pareil tribunal était diamétralement contraire à l'esprit et aux maximes fondamentales de cette même religion qu'il avait l'air de protéger. Quels sont les moyens, en effet, dont s'est servi son divin fondateur pour l'établir sur les bases inébranlables où elle repose? La doctrine et la persuasion, la douceur et la charité, l'humilité et la patience, en un mot, la pratique exemplaire de toutes les vertus. Voilà les seules armes qu'il a léguées à ses apôtres, et aux évêques, leurs successeurs; les seules qui soient conformes à la doctrine des conciles et des Saints Pères, et à la constante discipline de l'Église, dans les plus beaux siècles de sa sainte existence. Quoi de plus opposé à ces maximes divines, que la contrainte et la violence, les prisons et les tortures, les échafauds et les bûchers, armes ordinaires de cet horrible tribunal! Bien pénétrée de cet esprit de charité, de douceur et de bénignité, qui doit caractériser ses ministres, l'église de Jésus-Christ leur aurait défendu dans tous les temps, non seulement de prononcer ou d'exécuter des sentences de mort, mais encore d'y contribuer en aucune manière, et d'assister même à leur exécution, et elle pourrait approuver l'existence d'un tribunal de sang, dont les principales fonctions, remplies par des ecclésiastiques, sont de rechercher et de découvrir les délits les plus cachés, de condamner les coupables à une prison souvent perpétuelle, pour prix de leur repentir, ou de les livrer au bras séculier, en punition de leur impénitence, afin de les faire périr ou sur un gibet ou au milieu des flammes, et d'assister en grande pompe à un spectacle aussi cruel et aussi affreux?

Ne pouvant se dissimuler cet esprit de charité et de douceur, qui a toujours dirigé l'Eglise, les inquisiteurs voulurent en couvrir, comme d'un voile, leur tyrannie et leur cruauté. Dans cette intention, ils ordonnèrent que le juge ecclésiastique, en remettant le coupable à la justice séculière, intercéderait pour lui en demandant la remise de la peine capitale. Mais à quoi servaient de pareilles supplications, lorsqu'ils savaient bien d'avance que l'exécution de la peine était une suite nécessaire et inévitable de leur sentence, lorsqu'ils obligeaient, sous peine d'excommunication, le juge séculier à exécuter leur arrêt sans examen, lorsqu'ils lui défendaient, avec la même sévérité, d'en différer ou d'en mitiger l'exécution? N'était-ce pas ajouter à la cruauté la fausseté et l'hypocrisie?

Mais si ce tribunal était une institution diamétralement opposée au véritable esprit et aux maximes les plus essentielles de la religion, il n'était pas moins contraire aux droits de la puissance temporelle et de l'autorité ecclésiastique. L'inquisiteur général, comme l'a si bien démontré votre auguste Congrès, s'était érigé en souverain, ou, pour mieux dire, en despote qui, indépendant du Pontife et du Roi, faisait des lois au gré de son caprice, prohibait toute espèce de livres, sur-tout ceux qui établissaient les droits de la souveraineté nationale, et les privilèges primitifs des évêques, refusait de reconnaître les défenses faites à Rome, et s'arrogeait le droit de mettre en cause et de juger les princes de l'Eglise et les Rois eux-mêmes. Il ne faut donc pas s'étonner que presque toutes les nations se soient opposées à un pareil établissement, que quelques-unes se soient révoltées contre leurs Rois légitimes, parce qu'ils voulaient l'introduire dans leur sein, et que toutes se soient enfin entendues pour l'abolir. Ce qu'il y a d'inconcevable, c'est qu'une institution de cette nature ait pu trouver de l'appui auprès de quelques monarques, et obtenir le consentement et l'approbation de quelques peuples. Rien ne prouve mieux que l'existence de ce tribunal, de quoi sont capables une fausse politique, l'ignorance, et la superstition. Les Rois le protégeaient, parce qu'il leur servait en bien des occasions à couvrir leurs cruautés et leurs injustices étranges du voile sacré de la religion. Les peuples le souffraient, parce que, entretenus à cet égard dans la plus profonde ignorance par ce même tribunal, qui s'était arrogé le droit d'ouvrir ou de fermer la porte aux lumières, ils vivaient dans la persuasion que l'existence de ce tribunal était essentielle à la foi catholique, tandis que ce n'était qu'un établissement absolument contraire à la religion, et inconnu dans les siècles où l'esprit du christianisme était dans sa plus grande pureté.

Il n'est pas moins vrai encore que le mode de procéder de ce tribunal était une violation constante des droits les plus sacrés de l'homme, et sur-tout de la liberté de penser et de publier ses pensées. Toute espèce d'ouvrages était soumise à sa censure; il avait adopté, comme doctrine essentielle à la religion, certaines maximes qui n'avaient aucun rapport avec elle; et, sous ce vain prétexte, ce tribunal despotique, sans égard pour le crédit et l'autorité des uns, sans respect pour les vertus, la piété et la sagesse des autres, sans les citer, sans les entendre plusieurs fois dans leurs moyens de défense, proscrivait leurs ouvrages, en poursuivait les auteurs avec la plus grande sévérité, et répandait tant de terreur dans les esprits, qu'il ne se trouvait plus personne qui osât penser, encore moins publier ses idées, dont la manifestation, quelque saines, quelque catholiques qu'il les crût lui-même, et qu'elles fussent réellement, pouvait lui attirer une persécution aussi terrible. Dans cet état de choses, abattu et subjugué sous un despotisme aussi atroce, privé des lumières qui avaient éclairé la nation dans des temps plus heureux, et de celles qu'il aurait pu recevoir des autres nations, chez qui il n'existait pas un seul ouvrage de quelque mérite, qui ne fût prohibé par ce tribunal, l'esprit des Espagnols n'a pu faire aucun progrès dans la philosophie, dans la morale, dans la connaissance du droit naturel, dans la politique, dans aucune autre science, ni même, qu'il nous soit permis de le dire, dans l'étude de la religion et des sciences ecclésiastiques. Nous pourrions vous entretenir ici longuement des puissants obstacles que nous avons rencontrés mille fois, sans pouvoir les surmonter, en cherchant à étendre et à propager les principes immuables des connaissances humaines : but sublime de notre institution et de notre rétablissement. Nous pourrions vous parler de ce qu'ont eu à souffrir pour cela quelques-uns de nos professeurs; de l'abattement et de la prudente pusillanimité des maîtres, qui fut le résultat de ces persécutions; de la rareté des lumières et du défaut d'instruction suffisante dans les disciples, qui en fut la suite nécessaire. C'est ainsi que la nation espagnole, après avoir débuté par s'élever au-dessus de toutes les autres nations de l'Europe, à l'époque de la restauration des lettres, réduite à ne s'occuper que de vaines subtilités scholastiques, n'a pu prendre aucune part aux grandes découvertes, ni aux œuvres immortelles, qui ont tant illustré ces derniers siècles, et tant reculé les bornes de l'esprit humain.

Votre auguste Congrès, en abolissant ce tribunal, a rompu la digue qui retenait les efforts de notre esprit, et ouvert un champ libre à nos recherches. Tant qu'il existait, universités, collèges, académies, méthodes, tout était inutile : notre entendement ne pouvait sortir de la route qu'il lui avait tracée, ni secouer le joug des erreurs et des préjugés sous lequel il le tenait asservi. Mais, une fois délivré des liens qui l'ont enchaîné si long-temps, le génie des Espagnols, naturellement vif et fécond, déchirera le voile qui lui dérobe l'immense région des connaissances humaines, et rivalisera bientôt avec les nations les plus éclairées de l'Europe. La religion dans toute sa pureté, sans aucun mélange de fanatisme et de superstition, la philosophie, les arts, la science de la législation, la morale, la politique, l'étude de la nature, les mathématiques, toutes les sciences enfin sortiront de l'état de léthargie où elles étaient ensévelies parmi nous, feront fleurir avec elles l'agriculture, l'industrie, et le commerce, et ramèneront l'abondance et les richesses. Tous ces avantages seront dus à ce chef-d'œuvre sublime de votre sagesse, au courage et à la fermeté avec lesquels votre auguste Congrès a abattu cette institution tyrannique, malgré le puissant appui que lui prêtaient encore l'intérêt, l'ignorance et la superstition.

Madrid, 5 juillet 1813.

Signé, Casimir Florez Canseco. = André Navarro. = Michel Garcia Asensio. = Joseph Ramon d'Ibarra. = François Orchell. = Antoine Siles. = Rodrigue d'Oviédo. = Thomas Garcia. = Joachim Ezquerra. = François Verdejo. = Antoine Gutierrez. = Élie Montero Portocarrero. = Hyacinthe Manrique. = Manuel du Castillo. = Ramon Garcia. = Paul Hernandez. = Nicolas Martinez Castrillon. = Augustin Garcia d'Arrieta. = Joseph Hevia.

ADRESSE

DU

CONSEIL MUNICIPAL

DE LA VILLE DE SAINT-JEAN-BAPTISTE DE PORTO-RICO,

AUX CORTÈS,

EN ACTION DE GRACES DE L'ABOLITION DE L'INQUISITION.

MESSIEURS,

A la lecture du Décret par lequel votre auguste Congrès a sapé, jusques dans ses fondements, le tribunal de l'Inquisition, le conseil municipal de la très-noble et très-loyale ville de Saint-Jean-Baptiste de Porto-Rico n'a pu retenir les transports de sa reconnaissance pour un bienfait aussi signalé, et déja consacré en caractères ineffaçables dans les fastes de la nation espagnole. La journée du 24 septembre 1810 sera désormais une époque des plus mémorables de notre histoire. Sans doute, et nous en sommes fermement persuadés, Dieu vous a destinés à de grandes choses. Tous les actes de votre auguste Congrès portent ce caractère de grandeur et de sublimité; et l'abolition d'un tribunal aussi profondément enraciné dans les Espagnes, n'est pas votre moindre titre de gloire. C'est le résultat d'une idée sublime, justifiée par les plus nobles motifs, et exécutée avec encore plus de courage et de grandeur: rien, en effet, n'a pu faire chanceler un seul instant votre auguste Congrès dans sa ferme résolution de réaliser ses vues bienfaisantes : ni le choc des illusions, ni la difficulté d'arracher une erreur enracinée depuis tant de siècles, ni l'état d'aveuglement où se trouvaient un nombre infini de personnes privées de la faculté de penser librement et sans préjugés, ni enfin la crainte de choquer une opinion qui paraissait générale à cause du grand nombre de ses sectateurs, rien n'a pu vous faire faire un pas rétrograde, dès le moment que le conseil de votre sagesse a commencé d'être mis en action, et l'esprit de contradiction, éternel obstacle aux entreprises héroïques et bienfaisantes, n'a pu même faire fléchir votre constance magnanime.

Vous avez délivré la nation d'une infinité de maux qui pesaient presque toujours sur les hommes de lettres ou sur les personnes timorées, victimes les uns et les autres d'une odieuse jalousie, toujours sûre de trouver un accueil favorable auprès du farouche tribunal que votre main a abattu, et dont vous avez signalé quelques-unes des persécutions dans votre Manifeste du 22 février dernier.

C'est donc pour remercier votre auguste Congrès d'un aussi grand bienfait, que le conseil municipal de cette ville, capitale d'une province qui ne le cède à aucune autre en patriotisme et en attachement à la Constitution, et à la juste cause que soutient notre mère patrie, comme elle en a donné des preuves en toutes circonstances dans la lutte actuelle, vous supplie d'agréer avec bonté les actions de graces qu'il vous adresse, comme un nouveau témoignage de la haute considération et du profond respect que notre ville n'a pas cessé de manifester pour les actes admirables de votre auguste Congrès.

Que Dieu vous accorde une longue vie.

Porto-Rico, le 1er mai 1813.

Signé, Salvador Melendez. = Gabriel Rodrigo. = Vincent Pizarro. = Joseph Romero. = Pierre Irizarri. = Joseph Marie de Sorraya. = Michel Pizarro. = Philippe de la Torre. = Antoine de Vega, secrétaire.

ADRESSE

DU

CONSEIL MUNICIPAL

DE LA VILLE DE VILLA-FRANCA DE CORDOUE

AUX CORTÈS,

EN ACTION DE GRACES DE L'ABOLITION DE L'INQUISITION.

Messieurs,

Après avoir fait lire pendant trois dimanches consécutifs, dans la paroisse de cette ville, le manifeste et le décret par lequel votre auguste Congrès donne connaissance à la nation de l'heureuse abolition du tribunal de l'Inquisition, après avoir remarqué à cette occasion, tant parmi le peuple que parmi les habitants les plus distingués, les meilleures dispositions à chérir et à accueillir les sages mesures et les déterminations libérales de votre auguste Congrès, le conseil municipal croirait manquer à son devoir, s'il ne s'empressait de vous en rendre compte, et de vous adresser en même temps les plus vives actions de graces pour la suppression d'un tribunal épouvantable, ennemi acharné des lumières et des plus belles institutions sociales qui en sont le fruit, et dont la cruelle hypocrisie, sous le prétexte trompeur de défendre la foi de nos pères, étouffait le génie des amis des lettres, et formait une barrière insurmontable aux progrès des arts et des sciences dans le sein de notre chère patrie. Nous en avons de tristes preuves dans l'état de langueur où se trouvaient jadis la prospérité et la richesse de la nation, dans le dépérissement de notre agriculture, et dans l'oubli universel des sciences et des arts, source féconde de l'industrie; et, sous le rapport de la religion, les excès et les scènes scandaleuses dont la nation a été témoin dans le temps du Prince de la Paix, et que l'inquisiteur général approuvait sans doute par son silence, prouvent tout ce que la nation a gagné par l'abolition d'un tribunal qui dépouillait les vrais pasteurs de l'église de leurs facultés légitimes.

Lorsque votre auguste Congrès présenta à cette nation magnanime l'admirable code fondamental dicté par votre sagesse, lorsque le tyran de l'Europe commençait à trembler sur son trône chancelant, il semblait que les vils partisans de l'esclavage et de l'antique système d'oppression, ainsi que le fanatisme de certaines classes de la société, qui, pour soutenir leurs privilèges, n'auraient pas hésité de sacrifier une patrie qu'elles n'aimaient ni ne connaissaient, devaient désormais demeurer confondus dans le silence et la honte; mais l'expérience a démontré le contraire, et votre sagesse et votre fermeté leur ont appris que vous saviez châtier les malveillants, et tenir les autres à une distance convenable. C'est ce qui arriva dans la mémorable journée du 8 mars avec les membres de la dernière régence. Aussi nous osons supplier votre auguste Congrès de continuer à confondre et à rejeter du sein de la mère patrie tous ces enfants dégénérés, qui pourraient lui devenir funestes, par leur opposition aux mesures les plus sages.

Tels sont, messieurs, les sentiments bien sincères des habitants honnêtes de Villa-Franca, et sur-tout des membres du Conseil municipal, et du curé don Joseph Raphaël Correa, dont nous avons l'honneur d'offrir la vive expression à votre auguste Congrès, aux acclamations de tous les amis de la Constitution et de la félicité publique. Daignez leur faire un accueil favorable.

Que Dieu vous accorde une vie aussi longue que nous le desirons.

Villa-Franca de Cordoue, le 18 juillet 1813.

Signé, Joseph de Castro y Jurado. = Pierre Joseph Zamorano y Zamorano. = Laurent Molina y Torres. = François Vejar. = Michel Romera. = Barthélemy Lopez. = Jean Velmar, syndic. = Jean Blas Herrera, secrétaire.

ADRESSE

DU RECTEUR ET DU SÉMINAIRE DES CANARIES

AUX CORTÈS,

En action de graces de l'abolition de l'Inquisition, et du don de la maison occupée par ce tribunal.

Messieurs,

Quoique nous soyons bien persuadés que notre respectable évêque n'oubliera pas de son côté d'adresser des actions de graces à votre auguste Congrès, pour le don que vous avez daigné accorder à sa prière de la maison de l'Inquisition pour l'agrandissement de notre séminaire, nous ne nous croyons pas dispensés néanmoins de vous témoigner directement, par l'organe de notre recteur, les sentiments inexprimables de joie et de reconnaissance que nous avons éprouvés au moment où votre mémorable décret d'abolition de ce tribunal est parvenu jusqu'à nous. Quelle douce jouissance pour tous les membres de ce séminaire, le seul établissement d'éducation, et, pour ainsi dire, l'université des Canaries, de pouvoir parcourir sans crainte les lieux d'horreur et d'effroi jadis occupés par ce tribunal qui leur fut si funeste, d'arborer l'olivier de Minerve là où le fanatisme brandissait jadis son glaive sanglant, de faire retentir des bruyantes expressions de la joie, et des louanges de votre auguste Congrès, ces sombres murailles, accoutumées depuis tant de siècles à n'être que l'écho lugubre des cris plaintifs de l'innocence opprimée, de répandre des fleurs à pleines mains sur ces bûchers où furent jadis réduits en cendres les précieux chefs-d'œuvre de tant d'illustres écrivains, auxquels nous devons d'avoir enfin les yeux ouverts sur les divers genres de tyrannie religieuse, civile et politique, qui ont pesé si long-temps sur une nation aussi recommandable que la nôtre, de fouler aux pieds enfin avec un noble orgueil, et à titre de justes représailles, un tribunal féroce qui nous avait interdit jusqu'à la lecture des meilleurs ouvrages de piété et de religion, arrachés avec violence de notre bibliothèque par des censeurs injustes et bien plus fanatiques qu'éclairés. O souvenirs humiliants! on nous avait même interdit la défense des doctrines les plus orthodoxes et les plus intéressantes pour l'état : il ne nous était pas permis de soutenir que le souverain Pontife n'a aucune puissance directe ou indirecte sur les biens temporels des rois et des nations ; et toutes les autres maximes appelées par abus *libertés de l'église gallicane*, comme si elles n'étaient pas l'expression des droits imprescriptibles de toutes les églises du monde, n'étaient regardées que comme des questions hétérodoxes, qu'il nous était défendu d'agiter. Le séminaire des Canaries a eu néanmoins la gloire de résister dans tous les temps, et autant qu'il a pu, aux prétentions plus qu'ultramontaines de cette puissance étrange et colossale, qu'il appartenait à votre sagesse de renverser, pour venger à-la-fois la patrie et la religion. Cet acte seul suffirait pour justifier authentiquement la droiture et la pureté de vos intentions religieuses et patriotiques, quand même elles ne seraient pas hautement proclamées par tant d'autres monuments. Aussi les habitants des Canaries, du haut de leurs rochers, ne cesseront de lever leurs mains au ciel pour bénir et célébrer la ruine complette du plus grand ennemi de la religion et de l'humanité, triomphe le plus glorieux de votre sagesse, et sans lequel tous les autres seraient devenus inutiles. Pleins de cette pensée, nous ne pouvons apprendre sans frémir qu'il y ait encore dans la Péninsule des hommes dont l'ame hypocrite ou vénale paraisse pleurer la juste destruction d'un monstre aussi fatal.

Que Dieu vous donne une longue vie.

Canarie, le 2 juin 1813.

Signé, HENRI HERNANDEZ, recteur. = CHRISTOPHE PADILLA, vice-secrétaire.

MANIFESTE

DE LA RÉGENCE

DES ESPAGNES,

Contre Don Pedro Gravina, *archevêque de Nicée, nonce du Pape, relativement à l'abolition de l'Inquisition en Espagne, accompagné de Pièces justificatives.*

Dépositaire de l'autorité qui lui a été confiée par la Nation réunie en Cortès généraux et extraordinaires, la Régence manquerait à la plus essentielle de ses obligations, si elle ne mettait pas enfin un terme aux menées dangereuses de Son Éminence Don Pedro Gravina, archevêque de Nicée, nonce de Sa Sainteté dans ce royaume. Telle a été, depuis quelque temps, sa conduite politique, que la Régence se voit presque réduite à se justifier elle-même de l'avoir soufferte aussi long-temps. Mais, tant qu'il restait une ombre d'espérance que ce prélat, reconnaissant son erreur, se renfermerait désormais dans les bornes de son ministère, nous avons cru devoir user de patience, par égard pour son nom, pour sa dignité, surtout pour son caractère sacré de Nonce apostolique auprès de Charles IV, et par la considération particulière qu'il tenait cette mission du Saint-Père, compagnon d'infortune de notre bien-aimé Roi Ferdinand VII, gémissant comme lui dans les fers du plus perfide et du plus atroce de tous les tyrans. Mue par d'aussi puissantes considérations, la Régence, pour le détourner de son but, employa d'abord les moyens de la raison et de la douceur; elle eut recours ensuite aux armes de la persuasion : mais ces démarches pacifiques étant inutiles, elle se vit, à son grand regret, réduite à l'extrémité pénible de le menacer de l'exil, s'il ne renonçait pas à ses démarches téméraires. Toujours obstiné dans une entreprise non seulement incompatible avec la tranquillité publique, mais encore subversive du pouvoir souverain et du gouvernement, il mit enfin la Régence dans la dure mais indispensable nécessité de réaliser la menace d'exil, et de saisir son temporel : mesure rigoureuse, mais dictée par une loi impérieuse, la première de toutes les lois, celle de sa propre conservation, loi plus sacrée encore, lorsque l'existence politique des états est compromise, que lorsque la vie des individus est en danger. La simple exposition des faits suffira pour prouver la modération de la Régence, et les nouveaux malheurs qui menaçaient la nation, si elle ne s'était pas enfin déterminée à déconcerter des relations capables d'allumer la guerre civile.

Les Cortez généraux et extraordinaires de la nation, après un long et mûr examen, avaient aboli le tribunal de l'Inquisition, établi en Espagne par Leurs Majestés Catholiques D. Ferdinand et D. Isabelle; et ils avaient remis en vigueur la loi de l'ancien et respectable Code de *Las Partidas.* Il fut ordonné en même temps que le décret des Cortès, et le manifeste où ils avaient exposé les justes et puissants motifs de l'abolition de ce tribunal, seraient lus dans toutes les paroisses de la monarchie pendant trois dimanches consécutifs, avant l'offertoire de la grand'messe, afin d'instruire le peuple d'une doctrine qui lui avait été inconnue jusqu'alors, et qui n'en était pas moins fondée sur les canons et la discipline de l'Église.

Le tribunal de l'Inquisition devait son établissement, ou, pour mieux dire, ses privilèges et ses attributions extraordinaires, aux bulles pontificales, et, sur un aussi faible fondement, le Nonce du Saint-Père prétendit qu'on ne pouvait abolir ce tribunal sans le consentement exprès de Sa Sainteté. Il adressa, le 5 mars, à la Régence des représentations dans lesquelles il disait, entre autres choses, que cette suppression pouvait porter un grand préjudice à la religion, et qu'elle blessait du reste les droits et la suprématie du Pontife romain, qui avait établi l'Inquisition en Espagne, comme une institution extrêmement nécessaire : il adressa en même temps à l'évêque de Jaën, et aux administrateurs capitulaires des diocèses de Grenade et de Malaga, pendant la vacance, une circulaire dans laquelle, après leur avoir donné avis de la prochaine publication du décret, et du manifeste des Cortès, et des représentations par lui faites contre ces actes, qu'il croyait préjudiciables à l'autorité et aux droits du souverain pontife, et peu favorables aussi à la dignité épiscopale, il les exhortait à rendre un service important à l'Église et à la religion, en partageant son opinion, et leur recommandait très-expressément d'agir à cet égard avec la plus grande réserve.

Cette conduite de la part du Nonce nécessita des mesures promptes et efficaces, pour prévenir les maux qui pouvaient en résulter ; mais, quoique la Régence se crût dès-lors suffisamment autorisée à faire peser ces mesures sur la personne même du Nonce, elle aima mieux néanmoins se borner à l'admonéter, en l'invitant à ne pas sortir des attributions de son ministère, dont elle connaissait parfaitement les limites, parce que chaque excès de pouvoir de sa part était attentatoire aux droits et aux prérogatives de la couronne. Il semblait qu'une démarche aussi douce et aussi sage devait suffire pour détourner le Nonce de son entreprise.

Afin d'empêcher que les lettres qu'il aurait pu adresser à d'autres prélats et à d'autres chapitres, ne fissent quelque trouble, la Régence a cru à propos de faire connaître aux uns et aux autres la conduite du Nonce par un manifeste, et de publier en même temps les représentations par lui faites au Conseil le 5 mars, avec la lettre qu'il avait écrite à l'évêque de Jaën, et aux vénérables chapitres de Grenade et de Malaga, dans l'intention bien fondée de faire voir que la Régence, quoique occupée à soutenir la guerre la plus juste et la plus opiniâtre qui ait jamais été depuis le commencement du monde, ne se relâchait en rien de l'autorité que les saints canons lui accordent, et que le Nonce méconnaissait réellement.

Le 28 avril, il s'adressa pour la première fois

au Ministre d'État pour témoigner sa surprise de ce que la Régence, voulant lui faire connaître combien elle trouvait sa conduite passée étrange, et lui tracer celle qu'il devait suivre désormais, se fût servie de la voie du Ministre de grace et justice, et non de celle du Ministre d'État, pour lui communiquer ses intentions. Il joignit à sa lettre copie de celles qu'il avait écrites à l'évêque de Jaën et aux chapitres de Grenade et de Malaga, et de la réponse qu'il avait faite à celle qui venait de lui être adressée par le Ministre de grace et justice. Il est à remarquer qu'il dit dans cette réponse : « Je ne puis me « dispenser de représenter à la Régence que je « me suis cru dans l'indispensable obligation « de faire tout ce que j'ai fait, comme légat du « Pape, et pour le devoir de mon ministère... « Quelque desir que j'aie de voir régner la paix « et la tranquillité dans le Royaume, et quoi- « qu'il soit hors de mon caractère de m'immis- « cer dans des choses étrangères à ma légation, « je ne puis rester indifférent sur ce qui con- « cerne mes attributions; et comme il s'agissait « ici de matières ecclésiastiques, je me suis cru « obligé de faire les démarches dont se plaint « la Régence, et d'entretenir avec les autorités « ecclésiastiques des relations et des correspon- « dances aussi directement relatives à mon mi-

« nistère »...... Et comme si ces expressions n'avaient pas été assez offensantes pour la Régence, il finit par témoigner combien peu il est porté à déférer à l'avis qu'elle lui avait fait donner de se contenir dans les véritables limites de sa légation; sans quoi il la mettrait dans la pénible mais absolue nécessité de faire usage de toute sa puissance, de le bannir du Royaume, et de saisir son temporel. « Si la continuation « de ma correspondance avec les évêques, dit- « il, et des démarches semblables à celles qu'on « me reproche, sont capables de m'attirer le « mécontentement de la Régence, elle peut dès « aujourd'hui prendre telle mesure qu'il lui « plaira : j'obéirai ponctuellement, persuadé « que ma conduite aura l'approbation de Sa « Sainteté, et que le Souverain Pontife n'ap- « prendra pas sans une vive satisfaction que son « légat, son représentant, a sacrifié avec la plus « grande indifférence ses biens temporels au « soutien des droits de l'Église ».

Après avoir examiné cette lettre avec toute l'attention que demandait l'importance de son contenu, et après avoir considéré de nouveau toutes les pièces antérieures relatives au même objet, la Régence crut nécessaire de dissiper les erreurs dans lesquelles le Nonce était tombé, et sur lesquelles il fondait le motif de sa surprise relativement à la communication à lui faite par le Ministre de grace et justice, et de lui demander ensuite une déclaration franche et ouverte sur l'extension qu'il entendait donner à l'exercice de ses fonctions. C'est dans cette intention que la Régence, dans la note qu'elle lui fit remettre le 5 mars par l'entremise du premier Ministre d'État, lui faisait observer que sa surprise aurait été fondée, si la lettre du Ministre de grace et justice avait été écrite en réponse aux réclamations qu'il s'était cru obligé d'adresser à la Régence le 5 mars en sa qualité de Nonce apostolique, et que pour se convaincre du contraire, il lui aurait suffi de faire attention que la lettre du Ministre de grace et justice n'était pas une réponse à ses réclamations, mais qu'elle avait pour objet les lettres par lui écrites aux évêques et aux chapitres pour les exciter à différer et à refuser même leur adhésion au décret des Cortès, relatif à l'abolition de l'Inquisition, et qu'enfin elle ne faisait mention de ses représentations qu'en passant et d'une manière incidente; que si c'était le silence de la Régence qui lui avait fait croire que la lettre du Ministre de grace et justice était la réponse à ses représentations, il lui eût été facile de sortir d'erreur, en réfléchissant que la Régence ne pouvait répondre à une communication qui ne lui avait pas été faite par la voie ordinaire, ainsi qu'il est pratiqué par tous les cabinets de l'Europe, c'est-à-dire, par l'entremise du premier Ministre d'État, qui, de l'aveu même du Nonce, est le seul intermédiaire dont il se soit toujours servi lui-même pour ses relations ministérielles; que la remise entre les mains de ce Ministre d'une copie de ses représentations dont l'original avait été directement adressé à la Régence, ne pouvait être regardée que comme un acte de pure attention et de simple politesse, et que aussi elle avait été reçue sur ce pied par le Ministre qui avait déclaré en même temps ne la recevoir que comme une pièce de pure curiosité; qu'enfin ce serait, sans contredit, méconnaître le discernement exquis et la longue expérience du Nonce apostolique dans les relations diplomatiques de la Cour d'Espagne, que de croire qu'il fût besoin de lui rappeler que, si des communications directes avaient été quelquefois permises et tolérées entre les princes de la nation et les ambassadeurs et les ministres des Puissances étrangères, ce n'avait été que pour des affaires de famille ou de peu d'importance, et qu'une pareille condescendance, presque toujours funeste par ses suites, ne peut préjudicier en rien à la règle générale.

Après ces éclaircissements qui répondaient d'une manière satisfaisante à la plainte du Nonce de Sa Sainteté, en détruisant complétement l'erreur qui y avait donné lieu, et qui étaient le premier objet que la Régence s'était proposé pour le convaincre de sa haute considération pour sa personne et son caractère, la Régence lui fit témoigner la vive satisfaction que lui avaient causée les protestations qu'il faisait de son amour et de ses vœux pour la paix, la tranquillité et la prospérité du Royaume, ainsi que de son éloignement à s'immiscer, soit comme homme public, soit comme simple particulier, dans des affaires étrangères à la nature de sa mission.

Mais comme le Nonce avait ajouté qu'il ne pouvait se dispenser de prendre part à tout ce qui avait rapport à ses attributions, et que dans la circonstance présente, s'agissant de matières ecclésiastiques, il pourrait se voir obligé de faire des démarches semblables aux précédentes, et d'entretenir des correspondances et des relations qui étaient aussi conformes à l'esprit de son ministère, la Régence considérant que ces expressions sont susceptibles de plus d'une interprétation, pensa qu'il était de son devoir de demander au Nonce quel était le sens qu'il y attachait, attendu que, quoique la Régence ne se soit jamais opposée, et n'ait jamais eu l'intention de s'opposer au libre exercice des actes légitimes du légat du Saint-Siége, et du droit qu'il a d'adresser au Gouvernement les réprésentations qu'il juge convenables, il n'en est pas moins vrai que dans une affaire de cette importance, la plus légère incertitude pouvait entraîner les suites les plus graves. Rien par conséquent de plus naturel, de plus sage et de plus juste de la part de la Régence, que le desir de connaître l'extension que le Nonce donnait à ses attributions : elle avait donc droit d'attendre que ce prélat s'expliquerait avec franchise.

Tel est le contenu de la note que la Régence lui adressa le 5 mai. Il répondit le 9 du même mois « que, vu qu'il s'agissait de matières ec« clésiastiques et relatives à la religion, et que « ces sortes d'affaires sont toujours liées aux « droits pontificaux spécialement reconnus par « les bulles, les brefs et les concordats, il se « croyait obligé non-seulement de réclamer « auprès du Gouvernement par le canal du pre« mier Ministre d'État, contre l'innovation « qu'on voulait introduire, mais encore de cor« respondre avec les évêques et les chapitres, « tant pour recevoir leurs déclarations, que « pour les engager à être fidèles à leurs devoirs

« respectifs et au serment qu'ils avaient prêté « de défendre les droits de l'Église et du Saint-« Siége apostolique ; qu'une semblable corres-« pondance, outre qu'elle est indispensable pour « bien et dignement remplir les fonctions de « son ministère représentatif, était encore au-« torisée par la pratique de toutes les églises ; « qu'enfin les lettres qu'il avait adressées à l'é-« vêque de Jaën et aux chapitres de Grenade et « de Malaga, n'avaient pas eu d'autre objet, et « qu'il leur avait néanmoins recommandé le se-« cret, dans la vue d'éviter toute publicité qui « aurait pu compromettre le bon ordre et la « tranquillité publique. Il ajoutait à ces consi-« dérations que la plus grande partie des évê-« ques, même de ceux qui se trouvaient à Cadix, « lui avaient manifesté leurs opinions, et té-« moigné l'espérance qu'en sa qualité de légat « du Pape, il prendrait le parti qu'il croirait « convenable ; ce qui l'avait déterminé à adres-« ser des représentations à la Régence, et à en « donner avis aux prélats et aux chapitres, en « leur faisant connaître quelles étaient dans la « circonstance leurs respectives obligations, afin « qu'ils pussent, chacun en ce qui le concerne, « faire ce qui lui serait inspiré par une pru-« dence légitime ». Enfin, après avoir fait observer que cette correspondance ne pouvait être regardée comme la démarche d'un simple particulier, puisque toutes les lettres ont toujours porté la souscription de l'archevêque de Nicée, conformément à son usage et à sa pratique constante dans les actes de son ministère, il finit par ces paroles dignes de remarque : « Que « ce qu'il vient de dire fera connaître le véri« table sens des dernières phrases de sa lettre; « et que, si d'après cela, il est vrai de dire que « ses représentations et sa correspondance ne « contiennent rien que d'analogue aux devoirs « de son ministère, il laissait au ministère le « soin de juger de la conduite qu'il tiendrait, « toutes les fois qu'il s'agirait d'objets et d'af« faires de la même nature ».

Une déclaration aussi formelle fit évanouir entièrement l'espoir que la Régence avait conservé jusqu'alors que le nonce cesserait enfin d'attenter aux droits et aux prérogatives de la royauté, sur-tout dans la circonstance déplorable de la captivité du Roi, tandis que la Régence, par égard pour le Saint-Père qui se trouvait dans la même situation, avait donné plus d'une fois des preuves de sa condescendance envers la personne du légat. Fidèle à son devoir, et voulant en conséquence conserver pur et intact le dépôt qui lui était confié, la Régence se vit alors dans l'urgente nécessité de prendre contre le Nonce les mesures autorisées en pareil cas par le droit des gens. Cependant elle fut encore arrêtée par la considération et le respect dûs au Saint-Siège, par l'amour et la bienveillance du Saint-Père envers le Nonce qu'il avait choisi, et par la vive impression qu'une détermination aussi juste que nécessaire pouvait faire sur l'esprit de quelques personnes peu à portée, par leur propres connaissances, de juger convenablement d'affaires très-délicates en elles-mêmes. Dans cet état des choses, la Régence voulant avant tout avoir l'avis de son conseil d'état, lui fit remettre toutes les pièces, en le chargeant de lui faire connaître, après mûr examen, ce qu'il croirait le plus convenable et le plus sage dans la circonstance.

C'est sur ces entrefaites que le Nonce se plaignit à la Régence de quelques expressions échappées de la bouche du ministre de grace et justice, au sein des Cortès, dans le temps qu'il y était question des lettres écrites par lui aux prélats et aux chapitres; expressions qui, disait-il, compromettaient l'autorité du Saint-Père et la personne de son légat; il invitait ensuite la Régence à prendre les moyens nécessaires pour prévenir les inconvénients et les outrages qui pouvaient résulter de la conduite étrange de ce ministre, et forcer le Nonce à des mesures aussi pénibles pour lui-même que nécessitées par la force des circonstances. La réponse à une plainte aussi peu fondée n'était pas difficile : il suffisait à la Régence de faire observer au Nonce qu'elle n'avait pas le droit, comme chacun sait, de s'immiscer dans les affaires qui se traitent dans les Cortès ; et que du reste elle était bien persuadée que les Cortès, s'ils avaient remarqué quelque inconvenance ou quelque excès dans les expressions du ministre, lui auraient imposé silence, ou l'auraient forcé de se renfermer dans les bornes du respect et de la modération.

Le Conseil d'État donna son avis après mûre délibération. Convaincue alors que les principes étranges que le Nonce prétendait établir, pour étendre ses attributions, attentaient outre mesure à l'autorité royale, et qu'ils étaient en outre incompatibles avec l'indépendance et la tranquillité de la nation, la Régence se vit forcée de sacrifier sa propre répugnance au besoin de défendre les droits imprescriptibles et les prérogatives de la couronne, et de recourir à la voix de l'exil, mesure autorisée par les lois, et par la pratique de tous les temps, chez toutes les nations catholiques. Elle ordonna en conséquence au premier Ministre d'état d'expédier au Nonce de Sa Sainteté les passe-ports d'usage; et pour que sa sortie du Royaume fût aussi honorable que commode, elle fit préparer une frégate espagnole pour le conduire dans le lieu où il voudrait se retirer. La Régence donna en même-temps des ordres pour faire imprimer et publier, avec ce manifeste, toutes les pièces qui y étaient relatives, ainsi que sa correspondance avec le Nonce de Sa Sainteté, comme un témoignage irrécusable de l'obstination aveugle de ce prélat, obstination qui avait été poussée au point de provoquer son exil et la saisie de la portion de son temporel situé dans le Royaume : persuadée, comme elle doit l'être à juste titre, que l'Espagne et l'univers entier applaudiront à cette mesure, et que le Saint-Père lui-même, à qui il sera donné pleine et entière connaissance de la chose, aussitôt qu'il sera délivré de l'esclavage où le retient un impie tyran, reconnaîtra la justice et la modération de la conduite du Gouvernement, et s'empressera d'envoyer en Espagne un Nonce apostolique qui réunisse à un zèle prudent et discret pour la religion, le respect nécessaire pour l'indépendance du gouvernement, et l'attention la plus scrupuleuse à ne pas jeter des semences de troubles dans les esprits, en réveillant des opinions désavouées depuis des siècles par les ecclésiastiques les plus recommandables par leur rare piété, et les plus versés dans les sciences de leur sainte profession.

Publié à Cadix, le 8 juillet 1813.

Signé, Louis de Bourbon, cardinal de Scala, archevêque de Tolède, Président de la Régence.

PIÈCES.

N° 1.

Représentations faites à la Régence du Royaume par le Nonce de Sa Sainteté, le 5 mars.

Altesse Sérénissime,

Le Nonce de Sa Sainteté vient d'apprendre avec la plus amère douleur que la Régence est sur le point de faire publier le Manifeste et le Décret de l'auguste Congrès national, qui déclare le tribunal de la sainte Inquisition incompatible avec la Constitution politique de la monarchie, et établit à sa place un autre tribunal chargé de veiller, par des lois sages et justes, à la conservation de la religion catholique, apostolique et romaine, seule véritable, que les Cortès ont sanctionnée avec tant de piété à l'exclusion de toute autre.

Personne, pas même parmi les Espagnols, ne respecte plus que moi l'auguste Congrès de la nation; personne n'est plus porté que moi à se conformer ponctuellement aux dispositions résolues dans sa sagesse; mais il s'agit ici d'une affaire ecclésiastique de la plus grande et de la plus haute importance, qui intéresse la religion, ou qui peut lui causer des pertes irréparables. On supprime, on abolit un tribunal établi par le souverain Pontife, en vertu de sa suprématie dans l'église, pour connaître de causes purement spirituelles, telles que la conservation de la foi catholique, et l'extirpation des hérésies; et on rend inutile et sans objet la juridiction qui lui avait été déléguée par Sa Sainteté.

Dans cette circonstance, chargé par le bref de ma légation de veiller avec la plus grande attention à tout ce qui concerne la foi catholique et la sainte église romaine, et de faire tout ce qui me paraîtra convenable à l'intérêt de la religion, à la consolation et à l'édification des fidèles, et à l'honneur du Saint-Siége, je manquerais à la sainteté de tous ces devoirs si je ne représentais à Votre Altesse, avec le plus profond respect, mais aussi avec la sainte liberté d'un légat apostolique et d'un représentant du chef suprême de l'Église, que l'abolition de l'Inquisition peut porter un grand préjudice à la religion, et qu'elle blesse les droits de suprématie du Pontife qui l'avait établie comme un tribunal nécessaire et très-utile au bien de l'Église et des fidèles.

Comment désormais conserver dans toute leur force le respect et l'obéissance que tout chrétien doit aux décisions du vicaire de Jésus-Christ, du chef visible de l'Église, lorsqu'au sein de l'Église même, et au milieu du saint sacrifice de la messe, on fera entendre au peuple avec assurance, qu'un tribunal établi, soutenu, défendu et protégé par les Papes depuis trois siècles, sous les peines les plus sévères, est non-seulement inutile, mais préjudiciable à la religion elle-même et en opposition avec les lois justes et sages d'un état catholique.

Si Sa Sainteté était libre, je me serais borné à lui faire part de cet événement; mais, puisque pour notre malheur elle gémit encore dans les fers que nous arrosons de nos larmes, il m'est indispensable de réclamer en son nom contre une innovation d'une aussi grande importance pour l'Église d'Espagne, et qui porte atteinte aux droits du suprême pasteur de l'Église universelle, et du Vicaire de Jésus-Christ, dans l'espérance que la piété notoire et la prudence consommée de Votre Altesse lui inspireront les moyens convenables pour engager l'auguste Congrès, qui desire si ardemment protéger la sainte religion que nous professons, à daigner suspendre l'exécution et la publication de son décret, jusqu'à ce que des temps plus heureux puissent le faire étayer de l'approbation ou du consentement du Pontife romain, ou, à son défaut, du Concile national, juge compétent des matières ecclésiastiques et religieuses.

Aucune de ces considérations ne peut échapper à la pénétration de Sa Majesté, et sa grande piété ne trouvera pas mauvais que, pour l'acquit de mon ministère, je lui soumette, par l'entremise de Votre Altesse, avec toute la retenue convenable et la plus profonde soumission, cette supplique respectueuse, dont l'objet intéresse à-la-fois le bien de l'Église universelle, et principalement de l'Eglise d'Espagne, la félicité de la monarchie, l'honneur même et la prospérité de Sa Majesté, objet de mes vœux les plus ardents, et de toutes mes prières.

Que Dieu daigne accorder une longue vie à Votre Altesse.

Cadix, le 5 mars 1813.

Signé, P. Archevêque de Nicée, Nonce de Sa Sainteté.

A Son Altesse Sérénissime Président du Suprême Conseil de Régence.

N° 2.

Lettre du Nonce du Pape à l'évêque de Jaën.

M. L'ÉVÊQUE, ET MON TRÈS-CHER FRÈRE,

J'ai cru de mon devoir d'adresser des représentations à la Régence, relativement aux décrets de l'auguste Congrès, sur l'abolition de la sainte Inquisition, et de vous en informer en même temps, au moment où ces décrets vont être publiés. Je crois devoir aussi vous faire connaître que le chapitre de la cathédrale de cette ville, pendant la vacance du Siége, après avoir consulté les évêques qui se trouvent sur les lieux, est d'avis de ne point prendre de détermination dans une affaire aussi grave, et d'une aussi haute importance, sans une mûre délibération et un examen approfondi.

Je laisse à votre prudence le soin de faire de

cette communication l'usage que vous jugerez à propos, sans vous écarter de la réserve convenable à la circonstance, et de prendre le parti que vous croirez juste.

Que Dieu vous accorde une longue vie.

Cadix, le 5 mars 1813.

Signé, P. Archevêque de Nicée.

A M. l'Évêque de Jaën.

N° 3.

Lettre du Nonce du Pape aux chapitres de Grenade et de Malaga.

MESSIEURS ET TRÈS-CHERS FRÈRES,

Le Gouvernement est sur le point de publier le Manifeste et le Décret des Cortès, avec plusieurs autres pièces relatives à l'abolition du saint tribunal de l'Inquisition, auquel on en substitue un autre sous le nom de *Tribunal protecteur de la Foi*. Un exemplaire de ce Décret, et des pièces qui l'accompagnent, doit être adressé aux évêques, pour qu'il en soit fait lecture à la messe conventuelle, pendant les trois premiers dimanches qui suivront sa réception.

Les évêques qui se trouvent en cette ville,

sont d'avis de représenter que dans une affaire aussi grave et d'un aussi grand intérêt, ils ne peuvent donner leur assentiment à l'exécution de ce décret, sans au préalable avoir consulté leurs chapitres, et avoir pris le temps nécessaire pour délibérer.

Le chapitre de la cathédrale de cette ville, exerçant pendant la vacance, se refuse aussi à l'exécution du décret, en se fondant sur les observations de ses paroissiens, et sur divers autres motifs qu'il fera valoir dans sa réponse.

J'ai cru de mon devoir de faire à cet égard, au nom de Sa Sainteté, des représentations à la Régence, et de m'opposer à l'exécution du décret, jusqu'à ce qu'il soit consenti ou approuvé par le Pape, ou, à son défaut, par le Concile national.

Il m'a paru nécessaire de vous donner ces communications pour qu'elles vous servent de règle, dans l'espérance que dans une affaire de cette importance votre conduite sera conforme à celle des autres évêques diocésains, et qu'elle rendra le même service essentiel à la Religion, à l'Eglise, et à notre Saint Père, dont l'autorité et les droits me paraissent compromis, sans que la dignité épiscopale en soit plus favorisée.

Tout ceci, comme votre prudence le sait bien, exige la plus grande réserve; et c'est avec la plus grande circonspection aussi que je vous donnerai connaissance de tout ce qui surviendra et pourra nous éclairer sur notre conduite à venir.

Que Dieu vous donne une longue vie.

Cadix, le 5 mars 1813.

Signé, P. Archevêque de Nicée.

A MM. le Doyen et les Membres du chapitre de la sainte église cathédrale de Malaga et de Grenade.

N° 4.

Office du Ministre de grace et justice, à Son Eminence le Nonce Apostolique.

MONSIEUR LE NONCE DE SA SAINTETÉ,

La Régence du Royaume s'attendait que Votre Eminence ne perdant pas de vue le caractère public de Légat apostolique dont elle est revêtue au milieu d'une nation aussi héroïque que religieuse, se serait renfermée dans les limites de ses attributions, sans abuser de la considération que le gouvernement espagnol a conservée pour sa mission, nonobstant la captivité du Saint Père et de notre Roi Ferdinand VII, et nonobstant d'autres circonstances encore, qui pouvaient en faire révoquer en doute la légitimité.

Telle était l'espérance de Son Altesse, espérance fondée sur des motifs si respectables et si puissants, que vous auriez dû les prendre vous-même pour règle de votre conduite particulière, au lieu de les mettre en oubli. Mais quelle a été la surprise de la Régence, en apprenant de quelle manière Votre Eminence s'est comportée dans l'affaire de l'Inquisition ! Le 5 mars, le même jour que vous avez adressé des représentations au Président et au suprême conseil de Régence, en qualité de Légat de Sa Sainteté, vous avez écrit, comme archevêque de Nicée, aux chapitres de Grenade et de Malaga, et à l'évêque de Jaën, pour les exciter, les chapitres principalement, à différer et même à refuser l'exécution des décrets promulgués par Sa Majesté sur l'établissement des tribunaux protecteurs de la Foi, en remplacement de l'Inquisition, et à s'opposer à la publication du manifeste des Cortès dans les paroisses.

Mais Votre Eminence ne s'est pas bornée à écrire simplement ces lettres qui pouvaient égarer l'opinion, et diviser les esprits sur une matière aussi grave et aussi délicate. Elle a fait plus : violant elle-même la réserve qu'elle avait pris soin de recommander, et dans le temps même qu'elle en faisait un devoir aux chapitres et au prélat auxquels elle écrivait, elle a voulu se faire passer à leurs yeux comme l'auteur d'un projet dont le but était de paralyser l'autorité temporelle, en leur promettant de leur faire connaître tout ce qui surviendrait et pourrait les éclairer sur ce qu'ils auraient à faire réciproquement par la suite. Votre Eminence n'a pu se conduire d'une manière aussi contraire au droit des gens, qu'en sortant des bornes de son ministère, et en abusant du sauf-conduit que lui donne son caractère public, pour organiser, comme prélat étranger, la désobéissance de sujets qui sont d'autant plus obligés de donner l'exemple de la soumission, qu'ils sont plus élevés en dignité. La Régence n'a pu voir d'un œil indifférent une conduite aussi étrange, que rendait plus alarmante encore le soin que prenait Votre Eminence de prétexter la nécessité de rendre un service important à la Religion, à l'Eglise et à notre Saint Père, dont l'autorité et les droits, disait-elle, lui paraissaient compromis par les décrets, sans que la dignité épiscopale en fût favorisée de la moindre chose.

Son Altesse a frémi pour la sûreté de l'état et l'unité de la religion, en considérant les suites funestes qui pouvaient résulter des instigations de Votre Eminence appuyées sur des motifs aussi puissants ; et quoiqu'elle fût dès-lors autorisée par l'obligation où elle est de défendre l'état et de protéger la religion, à prononcer l'exil de Votre Eminence, et la saisie de son temporel, cependant le desir de donner une preuve authentique de la vénération et du respect dont la nation espagnole a toujours fait profession pour la personne sacrée du Pape, et la crainte d'ajouter à l'affliction du Pontife actuel, ont détourné Son Altesse de cette mesure, et elle s'est bornée à faire désapprouver la conduite de Votre Eminence, dans la confiance que vous vous renfermerez désormais dans les limites de votre ministère, et que vous cesserez de vous prévaloir de votre caractère public, pour vous livrer, comme prélat étranger, à des démarches semblables à celles dont la Régence a eu à se plaindre : démarches qui ne doivent être faites que vis-à-vis du Gouvernement, et par l'intermédiaire du Ministre d'Etat

En conséquence Son Altesse me charge de vous prévenir que, si Votre Eminence s'écarte de ses devoirs, la Régence se verra dans la pénible mais absolue nécessité d'user de toute sa puissance, pour s'acquitter des obligations qu'elle a juré de remplir, en prenant les rênes du Gouvernement.

Que Dieu conserve une longue vie à Votre Eminence.

Cadix, le 23 avril 1813.

Signé, ANTOINE CANO MANUEL.

A Son Eminence l'archevêque de Nicée.

N° 5.

Réponse du Nonce à l'office du Ministre de grace et justice.

MONSEIGNEUR,

L'archevêque de Nicée, nonce de Sa Sainteté, en réponse à l'office que vous lui avez adressé le 23, et par lequel vous lui faites connaître le mécontentement de la Régence pour la conduite qu'il a tenue et les lettres qu'il a écrites dans l'affaire de l'Inquisition, ne peut se dispenser de faire observer à Son Altesse, par l'entremise de Votre Excellence, que dans cette circonstance il a cru de son devoir et d'une obligation indispensable pour lui, de faire tout ce qu'il a fait en qualité de légat du Saint-Siége, pour l'accomplissement et l'acquit de son ministère.

Personne n'a desiré et ne desire plus que lui

la paix, la tranquillité, et tout ce qui peut contribuer à la félicité de l'Espagne ; il est hors de son caractère personnel et public de se mêler de choses étrangères à sa mission, mais il ne peut se dispenser d'agir dans ce qui y a rapport ; et toutes les fois qu'il est question de matières ecclésiastiques, il peut se voir obligé à tenir la même conduite, et à entretenir des relations et des correspondances aussi conformes à l'esprit de son ministère.

Si la Régence le trouve mauvais, elle peut dès-à-présent prendre telle décision qu'elle jugera à propos, bien sûre qu'il s'y soumettra ponctuellement dans la ferme persuasion que sa conduite obtiendra non-seulement l'approbation du souverain Pontife, mais encore que Sa Sainteté n'apprendra pas sans une vive satisfaction que son légat, imitant l'abnégation dont elle donne en ce moment le plus illustre et le plus héroïque exemple à l'univers entier, a sacrifié avec la plus grande indifférence ses biens temporels pour soutenir l'honneur de sa représentation.

Que Dieu donne à Votre Excellence de longues années de vie.

Cadix, le 28 avril 1813. *Signé* = P. archevêque de Nicée.

A Son Excellence le Ministre de grace et justice.

N° 6.

Note du Nonce apostolique au Ministre d'État.

Monseigneur,

L'archevêque de Nicée, nonce de Sa Sainteté, a été bien étonné en recevant un office de la part du Ministre de grace et justice, de voir que la Régence ne lui eût pas communiqué ses intentions par l'intermédiaire de Votre Excellence, unique voie par laquelle ont toujours été dirigées les relations ministérielles du Nonce. Sa surprise a été d'autant plus grande, que cet office était transmis au soussigné en suite des représentations par lui adressées à la Régence, et dont il avait eu soin en même temps de donner avis à Votre Excellence, comme il le devait, en lui en faisant remettre une copie.

Le soussigné n'en a pas moins fait au Ministre de grace et justice la réponse qu'il a jugé convenable ; et pour que Votre Excellence soit pleinement informée de tout ce qui s'est passé, il a l'honneur de vous adresser avec la présente note une copie dudit office, ainsi que de la réponse qu'il y a faite et des lettres écrites par le soussigné à quelques chapitres et à un évêque, et qui semblent avoir donné lieu à cette contestation.

Le soussigné se flatte que toute autre communication de la Régence lui parviendra par le canal de votre ministère, et dans les termes de cette politesse et de cette courtoisie dont il a reçu tant de témoignages de la part de Votre Excellence, à laquelle il s'empresse de renouveler dans cette occasion les protestations de l'estime la plus distinguée et la plus respectueuse, en se disant de nouveau

Son très-dévoué et très-obéissant serviteur.

Signé P. archevêque de Nicée.

Cadix, le 28 avril 1813.

A Son Excellence D. Pedro Labrador, premier Ministre d'État.

N° 7.

Réponse du Ministre d'État au Nonce de Sa Sainteté.

MONSIEUR LE NONCE,

J'ai rendu compte à la Régence du Royaume de la note que Votre Éminence m'a fait l'honneur de m'adresser le 28 avril dernier, pour me témoigner sa surprise de ce qu'il lui avait été fait, le 25 du même mois, une communication officielle par le canal du ministère de grace et justice, tandis que c'est par l'entremise du ministère d'état, dont je suis actuellement chargé, que doivent passer toutes les relations ministérielles du Nonce de Sa Sainteté avec le Gouvernement. La surprise de Votre Éminence s'est accrue encore par la considération que l'office dont il s'agit, lui avait été transmis en suite d'un mémoire qu'elle avait adressé à la Régence, et dont elle m'avait donné avis et remis copie, pour ne pas manquer à une convenance due, ainsi qu'elle a la bonté de le dire dans sa note.

La Régence, après avoir pris connaissance de votre réclamation, et s'être fait représenter toutes les pièces antérieures relatives au même objet, m'a donné ordre de répondre à Votre Éminence que votre surprise serait bien fondée, si l'office qui lui a été transmis par le canal du ministère de grace et justice, avait été expédié en réponse à la lettre directement adressée par vous au Gouvernement, et par suite de la réclamation que vous vous étiez cru obligé de faire, en votre qualité de Nonce apostolique. Pour désabuser promptement Votre Éminence à ce sujet, il suffira de lui faire observer que cet office ne répond pas à votre lettre de représentations, mais qu'il est uniquement relatif aux lettres écrites par Votre Éminence à l'évêque de Jaën et aux chapitres de Grenade et de Malaga, pour les exciter à différer, et même à refuser l'exécution des décrets des Cortès généraux et extraordinaires, et qu'il n'y est fait mention de votre réclamation que d'une manière incidente et très-superficielle.

Si c'est le défaut de réponse de la part de la Régence qui vous a fait regarder l'office du Ministre de grace et justice comme la réponse à votre réclamation, permettez-moi de vous faire observer que la Régence ne devait naturellement pas y répondre, puisque vous ne vous étiez pas adressé à Son Altesse dans la forme usitée par tous les cabinets de l'Europe, c'est-à-dire, par le canal que Votre Éminence avoue elle-même être le seul dont les Nonces de Sa Sainteté se sont toujours servi dans toute circonstance, pour leurs relations ministérielles avec le Gouvernement. La copie que Votre Éminence me fit remettre de sa lettre, après en avoir adressé l'original à la Régence, n'annonçait qu'un acte de civilité pour lequel je m'empressais de vous témoigner ma gratitude, mais en vous déclarant en même temps que je ne pouvais regarder cette pièce que comme un objet de pure curiosité.

Ce serait faire tort au discernement de Votre Éminence, et à l'expérience qu'elle a des formes diplomatiques généralement adoptées, de croire nécessaire de lui rappeler que, si on a vu quelquefois les ambassadeurs et les ministres des puissances étrangères correspondre directement avec le pouvoir exécutif, ce n'a été que pour des affaires de famille et de peu d'importance, et qu'une pareille condescendance, qui du reste ne préjudicie en rien aux règles générales, a presque toujours eu des suites funestes. C'est en conformité de ces règles établies, que la Régence a voulu vous faire parvenir par mon canal la réponse à la note que vous avez adressée le 28 avril au ministère de grace et justice.

Son Altesse a entendu avec satisfaction les protestations que fait Votre Éminence dans cette note, de ses vœux invariables pour la paix, la tranquillité et la félicité du Royaume, et de son éloignement absolu pour s'immiscer, soit comme particulier, soit comme homme public, dans des affaires étrangères à sa mission. Mais comme Votre Éminence dit ensuite qu'elle ne peut se dispenser de faire tout ce qui concernera son ministère, et que, toutes les fois qu'il s'agit de matières ecclésiastiques, elle peut se trouver dans l'obligation d'agir comme elle a fait, et d'entretenir des correspondances et des relations aussi conformes à l'esprit de sa légation, et comme une déclaration de cette nature est susceptible de plus d'une interprétation, Votre Éminence ne sera pas étonnée que j'entre avec elle en explication sur ce point, et que, par ordre de la Régence, je la supplie d'avoir la bonté de déterminer elle-même quel est le sens qu'elle a voulu y attacher. Son Altesse ne s'est jamais opposée, et ne s'opposera jamais à un exercice légal des fonctions du Nonce apostolique, ni au droit qu'a celui-ci de lui adresser, par l'entremise du Ministre d'État, les représentations qu'il croira convenable de faire. Mais si Votre Éminence se croit autorisée à faire les mêmes démarches qu'elle vient de se permettre ou des démarches semblables, et à entretenir des correspondances comme celles qu'elle a entretenues avec l'évêque de Jaën, et les chapitres de Grenade et de Malaga, il est indispensable que vous le fassiez connaître. Dans une chose d'aussi haute importance, la plus légère incertitude peut produire les plus grands maux ; et rien n'est plus légitime que le desir de connaître l'extension que Votre Éminence croit devoir donner à ses attributions. Je ne doute pas que vous n'ayez la complaisance de vous prêter à cette explication que je vous demande par ordre de Son Altesse.

En attendant, je supplie Votre Éminence d'agréer les plus vives assurances de ma considération la plus distinguée.

Que Dieu prolonge long-temps les jours de Votre Éminence.

Cadix, le 5 mai 1813.

Signé = PEDRO LABRADOR.

A monsieur le Nonce de Sa Sainteté.

N° 8.

Réponse du Nonce de Sa Sainteté à la note précédente du Ministre d'État.

MONSEIGNEUR,

L'archevêque de Nicée, Nonce de Sa Sainteté, a reçu l'honorable office que Votre Excellence a eu la bonté de lui transmettre, en date du 5 de ce mois, et s'empresse de satisfaire à l'explication qu'elle desire, et qu'elle lui demande de la part de la Régence.

Comme il s'agit d'une innovation en matières ecclésiastiques et relatives à la religion, toujours intimement liées avec les droits de Sa Sainteté, établis et reconnus tant de fois d'une manière spéciale par les bulles, les brefs, et les concordats les plus solennels, le soussigné se croit obligé non-seulement à faire les réclamations convenables auprès du Gouvernement, par l'entremise de Votre Excellence, mais encore à correspondre avec les évêques et les chapitres dans le cas de vacance : correspondance indispensable pour se procurer de leur part les éclaircissements nécessaires, et pour les exhorter à remplir leurs devoirs respectifs avec exactitude, et a être fidèles au serment qu'ils ont prêté entre ses mains ou entre les mains de ses prédécesseurs, pour le soutien et la défense des droits de l'Église et du Saint-Siége apostolique.

Une pareille correspondance, outre qu'elle est nécessaire à l'acquittement de son ministère de Nonce, et, qui plus est, de Légat *à latere*, et qu'elle ne peut lui faire supposer d'autre intention que celle de représenter dignement, autant qu'il est en lui, la personne sacrée de Sa Sainteté, se trouve autorisée et consacrée par la pratique de toutes les églises et de tous les temps.

Tel a été l'unique objet des lettres écrites par le Nonce, soussigné, à l'évêque de Jaën et aux chapitres de Grenade et de Malaga ; et le secret qu'il leur recommandait alors, ne peut être attribué qu'au desir d'éviter une publicité qui aurait pu compromettre l'ordre et la tranquillité publique. Toute autre interprétation est imaginaire, déplacée et inadmissible.

Si telle est la conduite à tenir par un Nonce, en raison de son ministère, le soussigné prie Votre Excellence de vouloir bien arrêter un moment son attention sur les circonstances présentes : la majeure partie des évêques, même de ceux qui résident à Cadix, lui avaient déja manifesté leurs sentiments de la manière la plus expresse, dans l'espérance qu'en sa qualité de Légat du Saint-Siége, il prendrait le parti qu'ils croyaient convenir à son ministère; dans un tel état des choses, son devoir n'était-il pas de réclamer et de faire des représentations au Gouvernement? ne devait-il pas ensuite donner aux prélats connaissance de tout ce qu'il avait fait, afin qu'ayant leurs obligations respectives sous les yeux, ils fissent, suivant leur propre sagesse, ce qui convenait à la justice et à la circonstance? il n'est pas possible de présumer que la signature apposée au bas de ces lettres, puisse faire penser un seul instant qu'elles émanent d'un simple particulier, puisque la coutume et la pratique constante du Nonce a toujours été de signer ses lettres comme *Archevêque de Nicée*.

En conséquence de ce qui est exposé ci-dessus, le soussigné se flatte que Votre Excellence n'aura plus aucun doute sur le véritable sens des dernières phrases de sa note, d'après lequel, si, comme il est vrai de dire, il n'a rien fait que de conforme à l'esprit de son ministère, en adressant des représentations au Gouvernement, et en correspondant, comme il a été dit, avec les évêques et les chapitres, il laisse à la sagesse et au discernement de Votre Excellence le soin de juger la conduite qu'il tiendra lorsqu'il s'agira de matières et de circonstances de la même ou d'une semblable nature.

A cette déclaration, le soussigné ajoute que toujours jaloux de contribuer de son côté à la félicité publique, il ne mettra jamais le moindre retard pour satisfaire à tout ce que Votre Excellence voudra bien lui communiquer au nom de son Gouvernement.

Il renouvelle en même temps à Votre Excellence le témoignage de son estime la plus distinguée et la plus respectueuse, en se disant son très-dévoué et très-obéissant serviteur.

Signé, P. Archevêque de Nicée.

Cadix, le 9 mai 1813.

A Son Excellence D. Pedro Labrador, premier Ministre d'Etat de Sa Majesté Catholique.

N° 9.

Plainte portée par le Nonce Apostolique contre le Ministre de Grace et Justice.

Monseigneur,

L'Archevêque de Nicée, Nonce de Sa Sainteté, se croyait fondé à penser que la discussion relative aux lettres par lui écrites aux prélats et aux chapitres, se traiterait entre Votre Excellence et lui avec toute la circonspection convenable. Par quels motifs que le Nonce ne saurait pénétrer, le Ministre de grace et justice s'est-il donc permis de reproduire cette affaire en public, au sein des Cortès, en avançant en outre des propositions alarmantes qui compromettent l'autorité du Saint-Siége et la personne du Légat?

Votre Excellence connaît assez quels sont les sentiments de modération qui animent le soussigné; cependant il ne peut s'empêcher de réclamer auprès de la Régence contre la conduite surprenante de ce ministre, qui ne doit pas ignorer que les Cortès ont décidé eux-mêmes que les affaires diplomatiques et ministérielles ne doivent pas être traitées en public.

Le soussigné prie donc la Régence, par votre

entremise, de daigner porter remède à un aussi grave inconvénient, qui peut donner lieu à des insultes ultérieures, sur-tout de la part des journalistes dont les feuilles, quelque méprisables qu'elles soient aux yeux du soussigné, peuvent cependant laisser dans les esprits des impressions peu favorables au caractère dont il est revêtu, et à la considération qui lui est due; ce qui mettrait le soussigné dans la nécessité d'avoir recours à des moyens ultérieurs désagréables pour lui, mais commandés par les circonstances.

Le soussigné s'en rapporte entièrement à tout ce que ces réflexions pourront inspirer à la sagesse de Votre Excellence de laquelle il se dit, avec l'estime la plus respectueuse et la plus distinguée, le très-dévoué et très-obéissant serviteur.

Signé, P. Archevêque de Nicée.

Cadix, le 14 mai 1813.

A Son Excellence don Pedro Labrador, Premier Ministre d'Etat de Sa Majesté Catholique.

N° 10.

Réponse du Ministre d'Etat à la note précédente.

MONSIEUR LE NONCE DE SA SAINTETÉ,

J'ai rendu compte à la Régence du Royaume

de la note que Votre Eminence m'a fait l'honneur de m'adresser sous la date du 14 de ce mois, pour se plaindre des termes et des expressions dont s'était servi le Ministre de grace et justice en présence des Cortès généraux et extraordinaires, en parlant des lettres par vous écrites à l'occasion du décret qui abolit le tribunal de l'Inquisition.

La Régence me donne ordre de vous dire qu'elle ne peut, comme tout le monde sait, s'attribuer la connaissance de ce qui se passe dans les Cortès; et que d'ailleurs, si le Ministre de grace et justice, oubliant les dispositions du réglement de l'auguste Congrès, s'était permis quelques termes inconvenants ou quelque excès d'expressions, il n'y a pas de doute que les Cortès ne l'eussent de suite rappelé à l'ordre.

Je prie Votre Éminence de vouloir bien agréer les témoignages de ma profonde estime et de ma considération distinguée.

Que Dieu vous donne une longue vie.

Cadix, le 17 mai 1813.

Signé, PEDRO LABRADOR.

A M. le Nonce de Sa Sainteté.

N° 11.

Note par laquelle le Ministre d'État donne avis au Nonce de son exil et de la saisie de son temporel.

MONSIEUR LE NONCE,

La conduite politique de Votre Éminence, à l'occasion du décret des Cortès généraux et extraordinaires, qui abolit le tribunal de l'Inquisition, a obligé la Régence du Royaume à prendre les mesures qu'elle a cru nécessaires pour assurer l'exécution du décret, et pour garantir la tranquillité publique, et en même temps, dans l'intention de prévenir de nouvelles démarches semblables à celles qui avaient provoqué sa sollicitude, elle eut soin de vous faire donner, par l'organe du Ministre de grace et de justice, les avis convenables à la circonstance, en vous représentant que, si Votre Éminence ne se désistait pas de ce qu'elle avait commencé, Son Altesse se verrait dans la nécessité de vous exiler du Royaume, et de saisir votre temporel.

La réponse que Votre Éminence fit le 28 avril au Ministre de grace et justice, ne fut qu'une déclaration solennelle de votre ferme détermination à tenir la même conduite, en vertu des attributions que Votre Éminence croyait lui appartenir. La même déclaration est répétée dans la note que Votre Eminence me fit l'honneur de m'adresser le 9 mai, en réponse à ma lettre du 5 du même mois, par laquelle je vous demandais, de la part de la Régence, une explication sur le contenu de votre office du 28 avril.

D'après toutes ces considérations, il ne pouvait rester, dans l'esprit de la Régence, aucune incertitude sur ce que son devoir lui prescrivait de faire, et Votre Eminence ne pouvait pas douter non plus de l'issue d'une affaire aussi désagréable. Cependant Son Altesse, avant de prendre aucune détermination, voulut avoir l'avis du Conseil d'État, afin de procéder avec plus de réflexion, et elle mit encore, entre la décision et l'exécution, l'intervalle qu'elle crut nécessaire, pour voir si Votre Eminence, après un examen plus calme et libre de toute préoccupation, ne rétracterait pas ses lettres, en faisant une déclaration contraire à leur contenu. C'était-là ce que desirait la Régence, comme le seul moyen qui pût lui épargner le désagrément d'avoir recours aux moyens de rigueur, pour le soutien des prérogatives de la couronne. Mais Son Altesse, forcée enfin de renoncer à cette espérance, et convaincue de l'inutilité de toute autre mesure, m'a ordonné d'expédier à Votre Eminence, comme j'ai l'honneur de le faire aujourd'hui, le passeport d'usage pour votre sortie du royaume, et de procéder à la saisie de votre temporel, dans les lieux soumis à sa puissance.

Son Altesse desirant néanmoins, malgré tout ce qui est arrivé, conserver à Votre Eminence la considération due à votre dignité et à votre représentation, voulant aussi que votre voyage se fasse avec toute la décence et toutes les commodités possibles, a donné ses ordres en vertu desquels la frégate de guerre espagnole, nommée *la Sabine*, se trouve prête à conduire Votre Eminence à telle destination que vous aurez choisie.

En vous donnant communication de cette décision de la Régence, j'ai l'honneur de renouveller à Votre Eminence mes offres de service bien sincères, et l'expression de mon vif et profond dévouement.

Que Dieu vous donne une longue vie.

Cadix, le 7 juillet 1813.

Signé, PEDRO LABRADOR.

A M. le Nonce de Sa Sainteté.

FIN.

www.ingramcontent.com/pod-product-compliance
Ingram Content Group UK Ltd.
Pitfield, Milton Keynes, MK11 3LW, UK
UKHW020332250726
13967UKWH00005B/2000

9 782012 486607